Tudo por Tudo

Escrituras Editora e Distribuidora de Livros Ltda.
Rua Maestro Callia, 123 - Vila Mariana - São Paulo, SP - 04012-100
Tel.: (11) 5904-4499 - Fax: (11) 5904-4495
www.escrituras.com.br
escrituras@escrituras.com.br

Criadores da Coleção Ponte Velha:
António Osório (Portugal) e Carlos Nejar (Brasil)

Organização: Floriano Martins

Prólogo: Wilmar Silva

Editor: Raimundo Gadelha

Coordenação editorial: Mariana Cardoso

Assistente editorial: Ravi Macario

Capa e projeto gráfico: Renan Glaser

Editoração eletrônica: Renan Glaser, Felipe Bonifácio e Ligia Daghes

Ilustrações da capa e do miolo: Fernando Aguiar

Capa: "Poème Trouvé" (Para a Ana Hatherly), 1996

Revisão: Paulo Teixeira

Impressão: Graphium

Dados Internacionais de Catalogação na Publicação (CIP)
(Câmara Brasileira do Livro, SP, Brasil)

Aguiar, Fernando
Tudo por tudo / Fernando Aguiar; [organização Floriano Martins]. - São Paulo: Escrituras Editora, 2009. - (Coleção Ponte Velha)

ISBN 978-85-7531-341-1

1. Poesia portuguesa I. Martins, Floriano. II. Título. III. Série.

09-10036 CDD-869.1

Índices para catálogo sistemático:
1. Poesia: Literatura portuguesa 869.1

Edição apoiada pela Direcção-Geral do Livro e das Bibliotecas/Portugal.

Ministério da Cultura

Impresso no Brasil
Printed in Brazil

Obra em conformidade com o Acordo Ortográfico da Língua Portuguesa.

Fernando Aguiar

Tudo por Tudo

escrituras
São Paulo, 2009

Sumário

Uma Boa Conversa Com Fernando Aguiar

Entrevista concedida a Wilmar Silva

WS Se poesia não é literatura, a exemplo da fala problema de Ezra Pound, então, Fernando Aguiar, o que é poesia?

FA A poesia deveria ser arte. Arte poética. Só assim concebo um Poema. Mas é-o muito raramente. A poesia, para ser efetivamente Poesia, tem que considerar não apenas a emoção e a metáfora, mas também os aspectos sonoros e estruturais do poema, assim como a sua expressão estética. Considerando que o Poema comunica pelo seu conteúdo, mas também pela sua forma, este aspecto, descurado pela maioria dos poetas, deve ser sempre tomado em atenção para que o poema o seja na sua plenitude. Os poetas concretistas sabiam-no. A maioria dos poetas visuais também o sabe. Infelizmente a grande parte dos poetas verbais descuram quase sempre a sonoridade, a estrutura das palavras, as rimas internas, e apegam-se sobretudo à criação de metáforas que traduzam o seu estado de alma. O que até pode ser muito "poético", mas não é com certeza muito artístico. E não sendo arte não é, para mim, Poesia. O Poema tem que ser elevado a obra de arte.

WS O poeta brasileiro Paulo Leminski, autor de Catatau, chegou a falar que a poesia é um inutensílio, afinal, Aguiar, para que serve a poesia?

FA Como diria (penso que) o próprio Leminski, "A poesia, felizmente, não serve para nada". Para os poetas serve para lhes encher o ego. Para os editores (e salvo algumas exceções) é um fardo que têm que carregar para que não tenham apenas o rótulo de comerciantes de papel. Para as restantes pessoas é algo que não lhes diz respeito e consideram uma perda de tempo ler aquelas palavras que estão impressas numa sequência mais ou menos complicada de entender, muitas vezes sem nexo. Para uma minoria que efetivamente a aprecia, a poesia é algo a que dão valor e que, muitas vezes, lhes é essencial para enfrentarem as contrariedades que a vida lhes coloca. Mas em boa verdade (quase) todos podem viver (felizes) sem ela.

WS Sendo a poesia uma "palavra-coisa", puxando ao fogo a língua de Sartre, como você passou a produzir uma poética onde a palavra é um instrumento visual não verbal?

FA Entendo a poesia como um conceito, como algo que se situa no campo das ideias. Algo que pertence mais ao nível mental do que ao nível do coração. Daí raramente escrever poemas que traduzam "estados de alma" ou "chorrilhos pautados pelas emoções". E estando ao nível do conceito, facilmente se pode traduzir essa poética noutros signos que não sejam apenas os verbais, apesar das letras também serem, em última análise, signos visuais e não apenas componentes de palavras. Basta l(v)er o poema "Organismo" (1960) de Décio Pignatari para se entender o que quero dizer. Um conceito poético pode exprimir-se através da forma, da cor, da textura, do objeto, até com elementos da própria natureza (como, por exemplo, o "Soneto Ecológico" que "escrevi" na cidade de Matosinhos, no norte de Portugal, em 2005), sem deixar de ser poesia. Ou até pelo movimento, como é o caso das performances poéticas, nas quais o poema é a ação. No entanto procuro não esquecer o conteúdo do poema, apesar dele ser transmitido por imagens ou por signos não verbais. O poema mais completo, aquele que se diz por inteiro, é um poema que alia a sua mensagem à forma como o diz.

WS Alberto Pimenta escreve no poema "romantismo" uma metáfora entre a floresta e a virgem, mais que um soneto ecológico rimado pelas espécies de árvores, que deveria ser plantado na Amazônia, qual a célula tronco de sua poiesis?

FA O eixo da minha poética anda em torno do verbal e do visual, de preferência interligados, com todas as possibilidades que essa junção permite. O verbal potencializado pelo visual ou o visual valorizado pela verbalidade constituem um interminável campo em exploração. E se acrescentarmos todas as técnicas e tecnologias onde aplicar o binômio verbal/visual, os caminhos a trilhar são, na verdade, praticamente infinitos. A isso podemos ainda acrescentar a dimensão sonora do poema, conferindo ao conjunto um maximizar das potencialidades. No fundo é pegar na máxima do grupo Noigandres e passar à prática a verbo/voco/visualidade.

WS A Rua do Mundo não existe mais em Lisboa, o que é viver em uma Lusitânia onde a poesia é revelada através de negativos verbais?

FA Felizmente a minha poesia respira noutros países, como é o caso do Brasil. Mas também em Espanha, em França, em Itália, entre outros. Realmente é um pouco sufocante viver o clima poético em Portugal, onde se produzem excelente poemas verbais, onde existem poetas de grande nível, mas que não aceitam outras experiências, rejeitando tudo aquilo que não dominam e que consideram que os possa ultrapassar, ainda que lhe reconheçam qualidade. Em Portugal é esta a minha situação e a de outros poetas que não se regem pela poética "instituída". Pode não ser este o sentido da pergunta, mas é a realidade que serve de resposta.

WS Herberto Helder é mesmo esse mito vivo ou António Ramos Rosa foi sufocado pela árvore de marketing em torno de Helder?

FA Herberto Helder é mesmo um mito vivo, imagem que ele próprio explora de uma maneira magistral. Excelente poeta e muito bom gestor da própia imagem. Ainda assim prefiro-o a António Ramos Rosa, que tem inúmeros seguidores que escrevem exatamente do mesmo modo que ele, o que pode atestar que não é assim tão difícil colocar umas metáforas a seguir às outras e chamar-lhe poesia.

WS E Ernesto Manuel de Melo e Castro que é talvez mais admirado no Brasil do que em Portugal, qual a importância de sua experiência de linguagem para os poetas em estado de umbigo?

FA Qualquer dos poetas experimentais portugueses é mais admirado fora do seu país e o E. M. de Melo e Castro é um bom exemplo. Tem um trabalho admirável como pesquisador da palavra e também como teórico. No meu caso, os caminhos que apontou abriram-me algumas portas criativas enquanto jovem poeta. A sua poesia experimental sobretudo a dos anos 70 e 80 foi plena de inventividade, que não tem sido interpretada pelos poetas das gerações seguintes, salvo as raras exceções que confirmam a regra. Aconselho e (re)leitura dessa poética, que tem ainda muito por revelar.

WS Performer de índole experimental, o corpo é um poema em movimento ou Fernando Aguiar entende que sonorizar o corpo é o mesmo que mostrar a alma em estado de cio?

FA A arte, seja ela de expressão visual ou poética, tem que ser um campo permanente de procura e de descoberta. Principalmente de procura, porque se chegamos a muitas conclusões, isso pode significar o fim. O que me atrai na performance, a poética neste caso, é esse procurar permanente, é o imponderável que sempre vai aparecendo, é, em última análise, o poder juntar várias formas expressivas para transmitir o poema, ainda que este não se traduza numa leitura verbal e possa proporcionar sempre outras leituras. Considero a performance como o melhor exemplo de "obra aberta", preconizada por Umberto Eco. Com o risco de se estar a criar uma obra em tempo real perante um público, o que não permite retrocessos. É esse, para mim, um dos encantos da performance.

WS Arthur Rimbaud falava de uma vidência dos sentidos, Al Berto anunciava entre os seus prazeres, o prazer de foder, escrever é uma atitude física ou sexual?

FA Escrever, por vezes, é fodido, e nesse sentido pode ser considerado uma aventura sexual. Muitas vezes somos fodidos pelo próprio texto, porque escrever nem sempre é fácil. Acabamos por vezes por sermos traídos por ele, por aquilo que estamos a escrever. Ainda assim, prefiro o poema como atitude física do que como verborreia platônica e tradutora de sentimentos mais ou menos duvidosos do ponto de vista estético, e logo poético. Quem tem amores platônicos ou desventuras amorosas para carpir, que escreva um diário. E de preferência que não o mostre a ninguém.

WS Mesmo sendo a minha língua a língua brasileira, eu sou radicalmente a favor do acordo ortográfico, e Fernando

Aguiar o que pensa sobre a colonização das línguas portuguesas através de uma política ortográfica?

FA É mais um exemplo de que não é na secretaria que se ganham as batalhas. A língua é borilada no dia a dia, é reinventada de cada vez que nos expressamos, e estar-lhe a criar rígidas regras não leva a caminho nenhum. É certo que do ponto de vista político e econômico pode ser vantajoso escrevermos todos da mesma maneira, e nesse sentido o acordo ortográfico pode ser positivo, mas aquilo que se fala nas ruas nunca ficará limitado nem nunca respeitará o que está oficialmente estabelecido como regra. Eu diria que aquilo que o acordo ortográfico diz não se escreve.

WS Em Guiné-Bissau, por exemplo, a língua portuguesa é um vexame se comparada aos crioulos e mesmo ao francês, sua pátria é sua língua, ou o vate Fernando Pessoa é um engano?

FA Quando o Fernando pessoa diz que "a língua portuguesa é a minha pátria", acho que estava a partir do princípio que nos países de expressão oficial portuguesa esses povos se expressavam efetivamente em português, o que nunca foi verdade. O linguajar está muito para além do que está ortograficamente estabelecido. Mas é interessante haver uma norma, nem que seja para não a cumprir, quando se fala.

WS José Luis Peixoto com *Nenhum Olhar* e valter hugo mãe com *O Remorso de Baltazar Serapião* ganharam o prêmio José Saramago, e você, Fernando Aguiar, não pretende escrever um romance e ganhar um Saramago e/ou um Nobel?

FA *Os Poemas Possíveis*, de José Saramago foi o primeiro livro que comprei, aos 16 anos, juntamente com o *Mais Exactamente P(r)o(bl)emas* do António Aragão, ambos autores desconhecidos na altura. E se um me levou para a experimentalidade, o outro, que na altura entendi mais facilmente, levou-me a musicar uma dúzia dos poemas que o constituía e mais alguns outros do outro livro do José Saramago que comprei depois, *Provavelmente Alegria*. Esse foi o meu prêmio: descobrir dois autores que foram marcantes para mim. Infelizmente nunca gravei essas canções. Se o tivesse feito, o meu precurso criativo teria sido bem diferente...

Quanto aos prêmios nunca pensei neles, nem me lembro de ter concorrido a algum. Para se ganhar prêmios literários é necessário não ultrapassar certas regras. E o objetivo do meu trabalho criativo, seja ele na arte ou na literatura, é quebrar regras. Assim é difícil ganhar prêmios. O meu prêmio é ter a consciência de que tenho feito o melhor possível, e criar obras que possam ser reconhecidas como inovadoras, ainda que isso possa dizer muito pouco a muita gente e, por conseguinte, afaste a possibilidade de algum prêmio.

WS Pensando nas vanguardas históricas do Brasil – Poesia Concreta e Poesia Marginal -, o que pensa sobre a antologia *Poetas sem Qualidade*, publicada em Portugal?

FA Tenho pena, mas não conheço essa antologia.

WS Sendo também professor, o que pensa sobre os jovens poetas de Portugal, ou a liberdade é um método para quem passou da adolescência?

FA Como é tradição em Portugal e, provavelmente noutros países, as sucessivas gerações têm produzido bons poetas. Verbais. E embora com qualidade, a verdade é que esses jovens ainda escrevem poesia segundo os moldes da idade média. A estrutura e as formas são as mesmas. É certo que os editores de poesia só aceitam editar livros que se exprimam pelos modelos medievais, ainda que com uma roupagem atual, mas são raros os jovens poetas que conseguem ir além disso. A sua criatividade termina com a junção de palavras, ainda que o façam com alguma qualidade. Agora imaginemos o que seria se, para além da qualidade, juntassem também uma dose de criatividade...

WS Sempre frequentando o Brasil, é possível afirmar em diálogos de poetas e poéticas entre o Brasil e Portugal?

FA Acho que existe cumplicidade entre os poetas portugueses e brasileiros. Pelo menos, a imprensa portuguesa e os escritores que se exprimem através dela, falam bastante da poesia que se faz no outro lado do Atlântico. As publicações culturais referem-se regularmente aos escritores e poetas brasileiros (assim como aos escritores africanos de expressão portuguesa) e vejo que a poética portuguesa também é referida nas publicações brasileiras. Pelo menos é isso que sinto cada vez que estou no Brasil. Neste momento tenho uma maior afinidade com os poetas brasileiros (e não apenas os visuais) do que com os poetas portugueses, apesar da amizade que me liga a alguns. E o facto de estar em permanente contato com a poesia brasileira, de todos os anos falar pessoalmente com diversos poetas n(d)o Brasil, faz com que me sinta mais próximo deles do que dos poetas portugueses. Agora não sei bem se isso se pode considerar um diálogo entre os poetas brasileiros e portugueses.

WS Para Fernando Aguiar, o que tem em Portugal que realmente o torna um país de cultura europeia, além de sua mancha geográfica, pensando, inclusive, no Brasil que, geograficamente pertence à América Latina, sendo um continente de costas para a América?

FA Na verdade acho que Portugal tem cada vez mais uma cultura "mesclada", porque "mestiça" talvez não seja exatamente o termo. Nos anos 60 havia uma forte influência francesa na literatura que por cá se fazia. Depois, com o domínio da música "rock", a cultura de língua inglesa tornou-se mais forte, mas neste momento penso que nenhuma das duas, e muito menos a francesa, tem uma influência preponderante. Com a espanhola convivemos bem, e como partilhamos de raízes comuns, a diferença não é por aí além. Com o "bombardeio" das novelas brasileiras nos últimos 20 anos e com a chegada, todos os anos, de milhares de emigrantes, e ainda com a globalização e a internet, existe uma crescente diluição das raízes culturais de cada povo e a tendência será para que cada vez mais se adotem os traços culturais de outros povos. Uns dos outros.

WS Penso que a língua portuguesa deve muito ao Brasil a inserção mundial, e acredito que o Brasil será a próxima potência do mundo, o que pensa sobre a importância que Portugal teve na História e sua condição no mundo de hoje?

FA Fico muito contente se isso for verdade, e que o Brasil consiga impôr internacionalmente a língua portuguesa, coisa que as entidades portuguesas não conseguem. Portugal teve realmente uma importância fundamental na história recente (afinal 500 anos não são nada), mas atualmente tem uma política cultural envelhecida, como a sua população. Da vitalidade de descobridor e de "desbravador de novos mundos" passou para o sétimo país mais envelhecido do mundo, onde 20% da população tem mais de 65 anos de idade. Talvez esta seja uma das razões da inoperante política cultural. Talvez os portugueses estejam mais preocupados com o que lhes vai acontecer nos anos que lhes sobram, do que com a sobrevivência da sua língua no mundo. Resta realmente o Brasil para lutar por essa língua, já que em África os países de "expressão portuguesa" só conhecem de facto essa "expressão", falando o criolo, francês, inglês, ou ainda o mandarim, no caso de Macau.

WS Como é escrever depois de Luís de Camões que parece ser o pai da poesia e da língua portuguesa?

FA Camões foi (é) um enorme poeta, e terá sido seguramente um poeta vanguardista no seu tempo. Nesse sentido, arrisco-me a dizer que se fosse vivo, Camões talvez fosse um poeta visual. A única maneira de escrever depois de Camões (até para honrar a sua escrita) será ser permanentemente criativo e produzir uma poética onde a inventividade esteja sempre presente. Os sonetos experimentais, visuais, objectuais, performáticos ou ambientais que escrevo, têm estruturalmente como modelo os sonetos de Camões. Até o poema "Errata" em forma de soneto com rabo, isto é, com 15 versos em vez dos tradicionais 14, que Camões terá escrito alguns.

WS "Ou o poema contínuo" é uma proesia, ou é possível pensar em poesia de quase sem palavras?

FA É possível pensar em poesia completamente sem palavras, porque ela existe. Os poetas visuais têm-na feito e, muitas vezes, com mestria. Retomando a ideia que a poesia é um conceito e não apenas um "estado de alma", é perfeitamente plausível que se possa fazer poesia sem palavras.

Uma vez perguntaram-me se o "Soneto Ecológico" (o tal escrito com 70 árvores) era literatura, ao que eu respondi que esse soneto, (apesar de não ter palavras ou, sequer, uma única letra, porque é constituído apenas por árvores), tinha a estrutura de um soneto, tinha a rima dada pelo gênero de árvore e era, sem dúvida alguma, um soneto. E como toda a gente sabe, o soneto é uma das formas mais tradicionais da poesia ocidental. Agora se a poesia é literatura ou não, isso era outra questão...

WS Fernando Aguiar concorda com Pessoa ao falar que a poesia é "um fingimento deveras"?

FA É muitas vezes um fingimento. Outras vezes é um retrato cruel da realidade. Muitas vezes procura ser uma obra (de arte) que nos estimula os sentidos e nos pode dar prazer ou pôr a refletir. Mas é necessário contextualizar sempre essas ideias. Apesar de Pessoa ter morrido recentemente, em termos históricos, a verdade é que a poética do século XXI é bastante diferente da que se fazia no tempo do Pessoa, quer em termos de preocupações sociais, como em termos formais, se considerarmos o experimentalismo e o uso da informática, do vídeo ou até do laser para se criar e veicular o poema. Num certo aspecto a poesia continua a ser um fingimento, noutro procura alertar para a realidade e para os desafios que se aproximam e que não auguram nada de bom. Temos o problema do terrorismo, da camada do ozono, da falta de água, da escassez de alimentos devido a uma péssima distribuição dos mesmos, com o consequente alastrar das doenças. Os poetas não podem ficar de costas voltadas para estas realidades e devem também refletir estas preocupações nas obras que produzem. No entanto, o próprio Pessoa também não estava assim tão longe da realidade, ao acrescentar que o poeta "Chega a fingir que é dor, a dor que deveras sente"...

TEX TO
TEXTO

ROMANCE
rnando Aguiar

Poema Estrutural

TEXTO CONTEXTO
TEXTO PRETEXTO
TEXTO CONCEITO
TEXTO ESTRUTURAL.

PRETEXTO CONCEITUAL
CONTEXTO INTEGRAL
BISSEXTO DESIGUAL
CONCEITO BISSEXUAL.

PERCEPTO PRETEXTUAL
COMPOSTO CONTEXTUAL
ESTRUTURA INTREGRAL
PRECEITO PRIMORDIAL.

CONTENSÃO PRAGMÁTICO-PASSIONAL
CONTEXTO EXPRESSIVO-PONTUAL
PROPÓSITO ESTRUTURO-ESSENCIAL
PERCEPTO-CONCLUSIVO ADICIONAL.

CONCERTO CONTEXTURO-EVENTUAL
PRETENSO PERCEPTO-NEGOCIAL
CORRETO PARADOXO SEXUAL
TEXTO RETEXTO UNIVERSAL.

CONVEXO-CONTEXTURO COMPOSTO INDIVIDUAL
ESTRUTURO-EXPRESSIVO INSTINTIVO-OBJECTUAL
CONTRÁRIO-PERCEPTIVO PRETEXTURO-FATUAL
CONEXO CONFESSO BISSEXTO ANIMAL.

CONCEITO INTUITIVO CIRCUNFLEXO-CONVENTUAL
ESTÍMULO-PERCEPTIVO INCERTO ADVERBIAL
SEXTO CONTEXTO CONTÍGUO ESPIRITUAL
RETEXTO-REFLEXIVO CONSPÍCUO BIDIMENSIONAL.

COMPLEXO ANALÍTICO PERPLEXIVO-BIOLÓGICO ARTIFICIAL
PRETEXTO-ANEXO BIZARRO CONTRACEPTIVO INTELECTUAL
PRETENSO PARANOICO PERCURSO INFERNO-PROPORCIONAL
PERCEPTO-CORRETO COM TEXTO TERMINAL.

TEX TO TEXTO

1

TEXTO
TEX TO.

TEXTO TATO
TEXTO TERRA
TEXTO TERÇO
TEXTO TRAGO
TEXTO TANSO
TEXTO TENSO
TEXTO TRAÇO
TEXTO TROÇA
TEXTO TOQUE
TEXTO TESTE
TEXTO TINTA
TEXTO TANTO
TEXTO TRAJE
TEXTO TREZE
TEXTO TERNO
TEXTO TRONO
TEXTO TORTO
TEXTO TREVA
TEXTO TRELA
TEXTO TELHA
TEXTO TÉDIO
TEXTO TURVO
TEXTO TERMO

TEX TO
TEXTO.

2

EM QUE TECLA
TE TOCAS ?

EM QUE TREVO
TE ATREVES ?

EM QUE TRETA
TE TRAZES ?

EM QUE TIJELA
TE TINJES ?

EM QUE TACHO
TE ACHAS ?

EM QUE TULHA
TE TALHAS ?

EM QUE TÁTICA
TE TATEIAS ?

EM QUE TREMOR
TE TREMES ?

EM QUE TRIPÉ
TU TROPEÇAS ?

A QUE TRASTE
TE ATRELAS ?

EM QUE TORMENTO
TE TORNAS ?

EM QUE TIÇÃO
TE ATIÇAS ?

EM QUE TORSO
T'ENTORTAS ?

EM QUE TÊXTIL
TE TEXTURAS ?

EM QUE TÍMPANO
TE TINES ?

A QUE TÍTULO
TE TRABALHAS ?

EM QUE TRIPA
TE TRINCAS ?

EM QUE TANGO
T'ENGATAS ?

EM QUE TRANSPORTE
TU TRANSPIRAS ?

EM QUE TRUQUE
TE TRANSTORNAS ?

EM QUE TRAVESSA
TE ATRAVESSAS ?

EM QUE TRANSGRESSÃO
TE TRANSCREVO ?

EM QUE TIQUE
TE TIQUETAQUEIAS ?

EM QUE TERMOS
TE TERMINAS ?

EM QUE TEXTO ?
EM QUE TEX TO ?

3

QUE TEXTO
TE TESTA ?

QUE TACO
TE TOCA ?

QUE TROPA
TE TREPA ?

QUE TRAPO
TE TRAZ ?

QUE TOSCO
TE TOSTA ?

QUE TRATO
TE TRILHA ?

QUE TREMA
TE TRAMA ?

QUE TROVA
T'ESTORVA ?

QUE TOPO
TE TOPA ?

QUE TIL
TE TILINTA ?

QUE TESTÍCULO
T'EJACULA ?

QUE TOLDO
TE TOMBA ?

QUE TRÁFEGO
TE TOSSE ?

QUE TORDO
TU TORCES ?

QUE TUMOR
TU TEMES ?

QUE TRIGAL
TE INTRIGA ?

QUE TRANÇA
TU TRAÇAS ?

QUE TRAVO
TU TRAVAS ?

QUE TROCADILHO
TE TROCA ?

QUE TROCO
TE TURVA ?

QUE TRIUNFO
TROTEIAS ?

QUE TRIEDRO
TE TRADUZ ?

QUE TRANSE
TE TRANSFIGURA ?

QUE TRÉGUA
T'ENTREGA ?

QUE TRIUNFO
TENS TU ?

QUE TEXTO
TEX TU ?

MAS QUE
TEXTO ?

A Fonética do Frio

A Fonética Do Frio

sinto-me inútil
na inundação das palavras.

na aceleração do momento
a morte é talvez o termo.

o talco é o pó que refaço
na acidez da cidade.

acima de tudo: o todos.
atado mas não atalho.

sinto-me incapaz
na capacidade do ato.

atuação contínua no
movimento retroativo.

real situação: o dado
estrutural sobre a mesa.

cobertor semântico
na fonética do frio.

A Força Daquele Fogo

prendo a prenda com que aprendo
repreendo a presa e digo logo
reforço a força com que defendo
a frase maior daquele fogo.

a face firo e na forca enformo
a fístula ínfima insofismada
do fato tiro mas não retorno
à frase feita que não diz nada.

trago o esforço com que traço
retraço o espaço no retrocesso
meço a laço enquanto refaço
o processo escasso e adormeço.

na larga corda com que medeio
me dou e leio o lírico lado
se ladro louco lá fico no meio
do lodo do lago logo afogado.

Sob O Sobre

1.

sobre a sombra e sob o sol
saindo vou e venho vendo-me
o contorno refletido na relva.

sobre o sol e sob a sombra
vindo sou e suo-me no calor
de te ver tão verde e vedada.

sobre ou sob, sombra ou sol
solto-me. e sendo ressalvo-te
do sonho que és por todos os poros.

sol ou sombra, sob ou sobre
sabe-me o sabor de seres
assim sadia e por mim suave.

2.

sobre o ser e sob o sempre
sinto-me. e do corpo saio.
na sensação a sede que sei e solto.

sob o ser e sobre o sempre
o segredo que sai das vagas
do sangue. e no sol se (su)põe.

sobre ou sob, ser ou sempre
lembro na forma do seixo
o som que no seio moves.

sempre e ser ou sobre o sob
o secreto e sagrado regato
da selva que és e provocas.

Tudo Por Tudo

se embalo e insinuo
e na pedra pinto a cor
se depois me reconstruo
num ato forte e maior

se engulo o sarro e sonho
engasgado no passeio
se enfadado me ponho
a relembrar pelo meio

se assumo e a seguir
vou somando pela cabeça
se te sei por te sentir
então que nada me impeça

se embargo o embaraço
e me resolvo por balanço
se suo um suor tão escasso
e dentro do escarro danço

se vejo nas veias da face
e no reflexo juro o ponto
se recompondo te olhasse
quando a letra soletro e monto

se na pauta pouco me digo
e ao pároco nunca me dou
e se penso que não consigo
ser mais que aquilo que sou

se na espera espero que sim
e assim assim o espero
se no todo ai de mim
cair por fim no desespero

se na porta ponho cravo
e indo veio me consumo
se na ferida eu destravo
um fio de sangue e resumo

se na água ondas não faço
nem me enlaço em tanto mar
se ao falar te amordaço
e te retenho no olhar

se no agir não me calo
e assim não sofro tanto
se na hora soa o estalo
me ponho na voz e levanto

se contínuo cumpro sempre
o fim infindo o imparável
e se ache sem que me lembre
um gesto gasto mais amável

se o fecho a força larga
e o sossego rasgo agitado
se no trajar talvez eu traga
por mais simples o complicado

se no ato quebro o acordo
e do alto me tomo por chão

se em cada dente remordo
esta sílaba crua e então

no falar farto entendo
e não fazendo faço também
no fácil fogo fecho o remendo
e recordo o fato embora sem

razão tanta e tanto baste
para que a tarde em vão se tome
desculpa tenho e por desgaste
desfaço o laço com o teu nome

se vejo e no som controlo
o tão disfarce o não recuo
se retardo o são e assolo
o cimento com que construo

o céu no caos transcrito
e no ato a fita faço
se na racha acho o granito
e no olho um tom mais baço

se no fim enfim termino
mas não calo nem fico mudo
é neste poema que assino
que me dou. tudo por tudo.

Percurso(s)

Discurso Condicional

nós não soubemos - mas saberíamos!
nós não ouvimos - mas ouviríamos!
não dissemos - mas diríamos!
nem nos calamos - mas calaríamos!

nós não previmos - mas preveríamos!
nós pusemos - mas não poríamos!
não pensamos - mas pensaríamos!
nem sentimos - mas sentiríamos!

nós não fomos - mas iríamos!
nós escolhemos - mas não escolheríamos!
facilitamos - mas não facilitaríamos!
nem julgamos - mas julgaríamos!

nós não atuamos - mas atuaríamos!
rejeitamos - mas não rejeitaríamos!
não opinamos - mas opinaríamos!
nem aceitamos - mas aceitaríamos!

nós não explicamos - mas explicaríamos!
não nos opusemos - mas opor-nos-íamos!
não concluímos - mas concluiríamos!
nem nos responsabilizamos - mas responsabilizar-nos-íamos!

L'Água

Para Mariella Bettarini

L'ACQUA
ÁGUA.

LÍNGUA
D'ÁGUA.

LINGUAGEM
DE BOCA.

L'ÁGUA.

BOCA
D´ÁGUA.

ÁGUA
NA BOCA.

ÁGUA
L'ACQUA.

Percursos

percorremos o mesmo percurso
quando sabemos o mesmo sabor
quando alternamos a mesma alteração
ou quando tentamos a mesma tendência.

trazemos o mesmo trauma
quando sombreamos a mesma solução
quando revivemos o mesmo reverso
ou quando cometemos o mesmo ceticismo.

superamos o mesmo supérfluo
quando limamos a mesma linguagem
quando usufruímos do mesmo útero
ou quando contemplamos o mesmo crepúsculo.

fulminamos a mesma fraternidade
quando utilizamos o mesmo ultraje
quando premimos o mesmo presságio
ou quando explodimos na mesma experiência.

adquirimos a mesma amplitude
quando ponderamos o mesmo poema
quando ondulamos na mesma opacidade
ou quando nos pautamos pela mesma partitura.

deparamos com a mesma dimensão
quando lembramos o mesmo latejar
quando sintetizamos a mesma sentença
ou quando encalhamos na mesma encruzilhada.

numeramos a mesma negação
quando suamos a mesma súplica
quando ameaçamos o mesmo alvorecer
ou quando caracterizamos o mesmo consentir.

quebramos qualquer mesmo
quando planamos na mesma placidez
quando sistematizamos o mesmo sintoma
ou quando esbracejamos na mesma erudição.

Por Dentro E Por Fora

ser fora estar dentro
por dentro de fora.

vem dentro por fora
pôr dentro ou estar fora.

afora e adentro

vem.

sai de dentro entra fora.

Por Fora E Por Dentro

ser fora estar fora e pôr fora de fora
por fora pôr fora aqui fora agora
pôr fora na hora e melhora lá fora
agora outrora estar fora e ser fora.

vem fora entrar fora e dar fora cá fora
para fora aqui fora demora a pôr fora
estar fora de fora e desflora na hora
embora ser fora e de fora pôr fora

estar fora por fora e de fora pôr dentro
ser fora agora e por dentro demora
por dentro estar fora e pôr fora de dentro
se entro sedento por dentro e por fora.

estar fora agora e ver dentro do centro
dar dentro cá dentro e pôr dentro de fora
se entro lá fora e de fora concentro
vem fora vem dentro por dentro e por fora.

pôr dentro por dentro pelo centro adentro
ir dentro estar dentro e aguentar no centro
ser dentro por dentro e não ter sentimento
invento o vento e tento ver dentro.

ser dentro lá dentro ler dentro por dentro
cá dentro argumento e sento no centro
entrar dando dentro e sair do lamento
se tento o relento o tormento rebento.

de dentro ou de fora
afora ou adentro
por ser ou ser vem
FORA !

(por dentro)

Usos

USA.
USE.
USO.
OUSA
OUSO
OUSE
OU
SE.
OUCE.
OICE.

OIÇA
OU
ICE
O
É.

Entre Tanto(S)

Sempre
que observar
o entardecer
altere a sua
atitude mental.

Alma Minha

(Sextilha anagramática para Luís de Camões)

MINHA MALA
MAMA LINHA
LAMA MINHA
MANA MILHA
MALHA MINA
ALMA MINHA

Ao Lado Do Lago
I

NADO A LADO	NADO A O LADO	NADO D E LADO N O LAGO.
NADO N O LADO	NADO DO LADO	NADO A O LADO DO NADA.
NADO DO ADO	NADO D ADO	NADO N O LAGO DO LADO.
NADO N O DADO	NADO N O LAÇO	NADO N O LODO DO LAGO.

II

NADA
N   A
FALA

NADA
D   E
TARA

NADA
  DE
FALO
NA
CARA.

NADA
  DE
VALA

NADA
N   A
LAMA

NADA
  DE
LAVA
N   A
CAMA.

NADA
D   E
LACA

NADA
N   A
MALA

NADA
  DE
CACA
N   A
MATA.

III

NADA	NADA	NADO
DE	DE	L O
JOGO	ROGO	GO
		N O
		FOGO.

Digo Assim

Para o Floriano Martins

Se
ajo
re ajo
tr ajo
vi ajo.

ajo logo.

Se
penso
com penso
dis penso
a penso e
re penso.

penso-rápido.

Se
digo
con digo
contra digo
des digo
men digo
re digo.
e digo.

digo assim.

Se
corro
a corro
con corro
dis corro
per corro
re corro
so corro!

e corro atrás.

Se
ponho
com ponho
dis ponho
re ponho
su ponho
contra ponho
ponho. se.

ou

ponho. -me.

Se
faço
des faço
re faço
satis faço.
fra
casso.

faço tudo.

Entre Tanto(S)

ENTRE
ABRO

ENTRE
ACHO

ENTRE
ATO

ENTRE
FATO

ENTRE
AJUDO

ENTRO
MUDO

ENTRE
BANHO

ENTRE
RANHO

ENTRE
CABO

ENTRE
RABO

ENTRE
CALO

ENTRE
FALO

ENTRE
CAMA

ENTRE
LAMA

ENTRE
CENA

ENTRE
PENA

ENTRE
CERRO

ENTRE
BERRO

ENTRE
CHOCO

ENTRO
LOUCO

ENTRE	ENTRE
CORRO	MORRO
ENTRE	ENTRE
CORTO	TORTO
ENTRE	ENTRE
CUBRO	RUBRO
ENTRE	ENTRE
DEDO	MEDO
ENTRE	ENTRE
DIGO	SIGO
ENTRE	ENTER
ENTER	ENTRE
ENTRE	ENTRE
GO	VADO
ENTRE	ENTRE
FECHO	DEIXO
ENTRE	ENTRO
FOGO	LOGO
ENTRE	ENTRE
HOSTIL	MIL

ENTRE UNTO
JUNTO ENTRE

ENTRE ENTRE
LAÇO PASSO

ENTRE DIGO:
LIGO ENTRE

ENTRE ENTRE
LINHA TINHA

ENTRE ENTRE
LUZ PUZ

ENTRE METO
MEIO ENTRE

MENTE ENTRE
ENTRE DENTE

ENTRE ENTRE
MESA TESA

ENTRE ENTRE
NÓ SÓ

ENTRE ENTRE
OIÇO ÓCIO

ENTRE
OLHO

ENTRE
FOLHO

ENTRE
PANO

ENTRE
CANO

ENTRE
PAUSA

ENTRE
CAUSA

ENTRE
PERNAS

ENTRE
PONHO

ENTRE
SONHO

ENTRE
POR

SAIA
ENTRE

ENTRE
ROSTO

ENTRE
COSTO

ENTRE
SACO

ENTRE
CACO

ENTRE
SEIO

ENTRE
LEIO

ENTRE
SOLA

ENTRE
MOLA

ENTRE   E ENTRE
SER   TER

ENTRE   TENTE
SENTE   ENTRE

ENTRE   ENTRE
TALHO   MALHO

ENTRE   ENTRE
TANTO   CANTO

ENTRE   ENTRE
TASCA   RASCA

ENTRE   ENTRE
TELA   SELA

ENTRE   ENTRE
TÉM   CEM

ENTRE   ENTRE
TESTA   FESTA

ENTRE   ENTRE
TEXTO   SEIXO

ENTRE   ENTRE
TOM   SOM

ENTRE
TURVO

ENTRE
CURVO

ENTRE
VER

ENTRE
LER

ENTRE
VASO

ENTRE
RASO

ENTRE
VIGA

ENTRE
SIGA

ENTRE
VISTA

ENTRE
DISPA

ENTRE
TODOS

TUDO
ENTRE.

Entreparêntesis

Para o Abílio-José Santos

[entre paredes] [entre parentes] [entre presentes]
[entre passados]
[entre palavras] [entre poemas] [entre poetas]
[entre parábolas] [entre paradigmas] [entre paradoxos]
[entre palpites]
[entre papistas] [entre paróquias] [entre peditórios]
[entre parasitas] [entre papalvos]
[entre passivos] [entre permissivos]
[entre pedantes]
[entre pelintras] [entre paspalhos] [entre profetas]
[entre paralíticos] [entre paquidermes]
[entre paranoias]
[entre partidos] [entre panfletos] [entre políticas]
[entre porta-vozes] [entre padrinhos] [entre poderes]
[entre palhaços]
[entre palestras] [entre partículas]
[entre parâmetros] [entre percalços] [entre percursos]
[entre perjúrios] [entre perguntas]
[entre perigos]
[entre perversos] [entre perseguidos] [entre petulantes]
[entre picuinhas]
[entre pocilgas] [entre podres] [entre peidos]
[entre pontapés] [entre preceitos]

[entre precoces] [entre prefixos]
[entre presságios]
[entre plágios] [entre prosápias]
[entre pressões] [entre pressupostos]
[entre provérbios]
[entre promíscuos] [entre púdicos] [entre putéfias]
[entre prestamistas] [entre presunçosos]
[entre pretextos]
[entre posteriores] [entre perspectivas]
[entre penúltimos] [entre proibições]

ENTRE ! (Parêntesis...)

Leitura Redutora Do Poema Entreparêntesis

[entre   redes] [entre   rentes] [entre   sentes]
[entre   assados]
[entre   lavras] [entre   mas] [entre   tas]
[entre   rábolas] [entre para   ] [entre arad os]
[entre   ites]
[entre   pistas] [entre   ias] [entre   rios]
[entre ra tas] [entre papa   s]
[entre pass os] [entre r is os]
[entre   dantes]
[entre pel   as] [entre   alhos] [entre prof   s]
[entre al i   ] [entre aqui   ]
[entre   ano s]
[entre   idos] [entre   f etos] [entre pol   cas]
[entre porta   s] [entre   inhos] [entre od res]
[entre pa   ços]
[entre est as] [entre   cu s]
[entre arame   s] [entre perca   s] [entre   cursos]
[entre   jur os] [entre   as]
[entre er   os]
[entre   versos] [entre er   guidos] [entre   antes]
[entre   inhas]
[entre oc   as] [entre od es] [entre ei   s]
[entre   pés] [entre   eitos]

[entre   coces] [entre   fixos]

[entre pressa   s]

[entre pl os] [entre prosa   s]

[entre   ess es] [entre   postos]

[entre   verb os]

[entre pró   s] [entre p   icos] [entre p   ias]

[entre   mistas] [entre pres   os]

[entre   textos]

[entre p   iores] [entre per   c   as]

[entre   nú   s] [entre p   i   ões]

ENTRE ! (Par   tes ...)

Pessoais

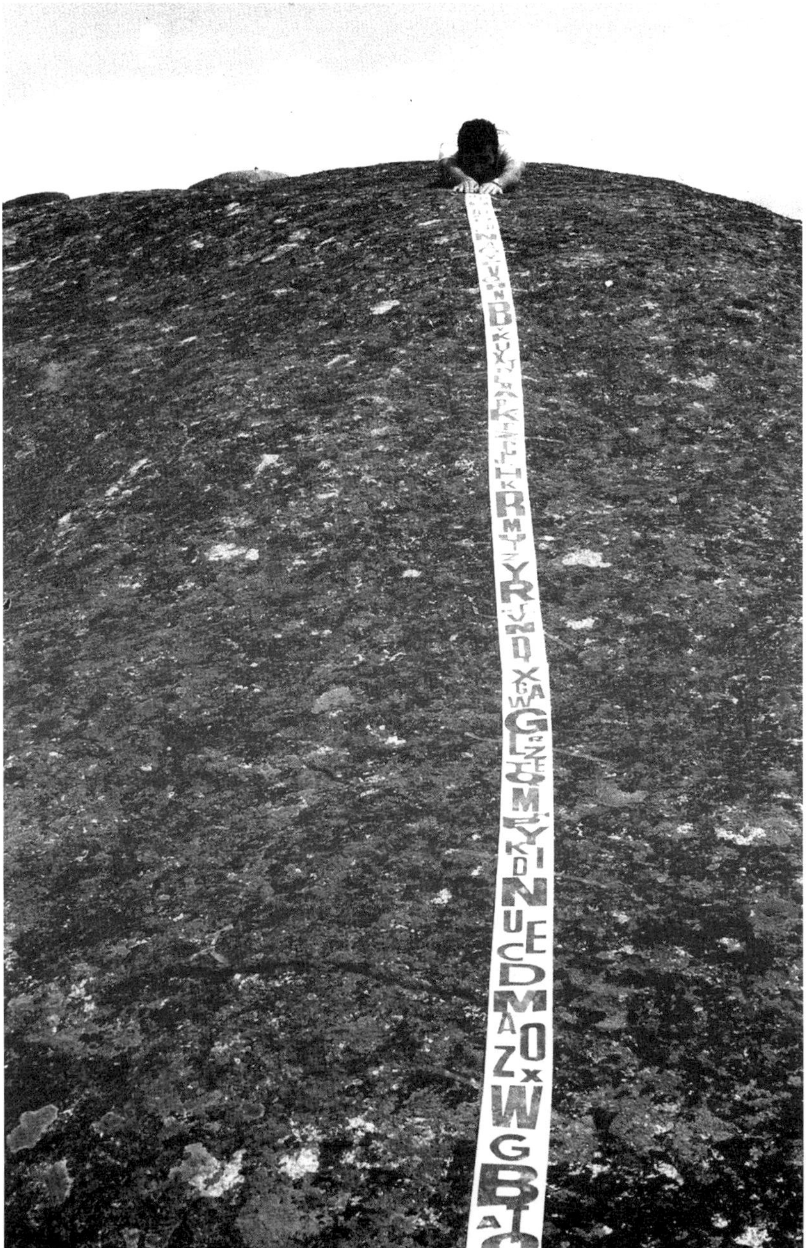

Me
1. (a)

me molho me moro me mouco me mordo
me mole me moço me mito me moo
me moito me manso mas não m'acordo
se mareio se maneio se meio se magoo
- me.

me malho me manto me minto me mesclo
me manejo me a manho me a muo me mui
me medeio me milito mas não m'incluo
se mexo se mio se migo se me múmio
- me.

me maço me mando me meto me mijo
me mudo me medro me marco me mato
me meço me manco mas não m'aflijo
se marro se berro se mirro se morro
- me.

2. (b)

me melindro me menosprezo me maldição
me mercenário me melhoro me mancebo
me mestre-escola me mestre-d'obras mas matacão
me metódico me mitigo me concebo
- me.

me ministro me melhoro me maçudo
me matuto me madeixo me manejo
me mobilizo me a machuco mas mais-que-tudo
me manipulo me mantenho me desejo
- me.

me musico me maquino me mugido
me maltrato me massajo me mastigo
me meretriz me meritíssimo mas malquerido
me mensagem me mafioso me castigo
- me.

me meia-cara me meia-lua me meia-idade
me meias-tintas me meio-grosso me meio-torto
me uma manha me uma meta mas mocidade
me mil-réis me meio-corpo me nado-morto
- me.

3. (c)

abarismo mal me
acondicionado mal me
- afortunado mal me
- agoirado mal me
- agradecido mal me
- ajeitado mal me
- amanhado mal me
andrice mal me
a-posta mal me
ária mal me
- armado mal me
- arrumado mal me
- assombrado mal me
- aventurado mal me
- avisado mal me
casado mal me
cara má me
cheiroso mal me
comido mal me
criado mal me
dição mal me
dito mal me
dizer mal me
doso mal me
eabilidade mal me
- educado mal me
- encarado mal me
- enganado mal me
- ensinado mal me
- entendido mal me
- entrada mal me
- estar mal me

évolo mal me
fadado mal me
fazer mal me
feito mal me
- fé má me
gastar mal me
- humorado mal me
igno mal me
- intencionado mal me
- língua má me
- mal mal me
mequer mal me
nascido mal me
olhado mau me
parado mal me
parida mal me
- pecado mal me
pensado mal me
- posta mala que
pronto mal me
querer mal me
sofrido mal me
tesão mal me
trapilho mal me
tratar mal me
- usar mal me
vadez mal me
va - rosa mal me
vasia mal me
versar mal me
visto mal me

me mel.

Te

entorto te entorno te entrudo
te entrego te entravo te entrelaço
te entredentes te entrefolho te entretudo
te entrepernas te entremolho te amordaço
te

entreteste te entretesta te entremeio
te entrevado te entretenho te entristece
te entrevisto te entredispo te entresseio
te entresolho te entrepasso te acontece
te

entreparo te entravo te entranço
te entrecaro te entreoiço te entranho
te entrementes te entredentes te entrecanso
te entrovisco te entremuro te amanho
te

entrecosto te entrecorto te entrecalo
te entreolho te entorse te entroncamento
te entrecausa te entrepausa te entrefalo
te entrevejo te entrebeijo te amamento
te

entrincheiro te entrapado te entreponho
te entrepasto te entreposto te entorpeço
te entrechoco te entrecilhas te entressonho
te entretanto te entremanto te atravesso
te

entreluzo te entrecruzo te entretinha
te entreteço te entreabro te entredevoro
te antreato te entreescasso te entrelinha
te entro surdo te entro mudo te adoro
te.

Lhe

lhe talho lhe tralha lhe ilha lhe filho
lhe telha lhe bilha lhe rolha lhe ralho
lhe folho lhe cilha lhe milha lhe milho
lhe tulha lhe tolho lhe trolha lhe falho
- lhe

lhe atulho lhe batalho lhe matilha lhe perfilho
lhe repolho lhe recolho lhe gorgulho lhe baralho
lhe serralho lhe retalho lhe serrilha lhe partilho
lhe vasculho lhe galhofo lhe empilho lhe chocalho
- lhe

lhe olho lhe molho lhe colho lhe quilha
lhe ilhéu lhe pulha lhe bolha lhe valho
lhe gralha lhe grelha lhe brilha lhe trilha
lhe selha lhe solha lhe folha lhe malho
- lhe

lhe esmigalho lhe bisbilhoto lhe esguedelho lhe
maltrapilho
lhe guilhotino lhe alho-porro lhe ensarilho lhe rebotalho
lhe aconselho lhe calhamaço lhe gargantilha lhe
trocadilho
lhe pingarelho lhe redondilha lhe empecilho lhe
enxovalho
- lhe.

Nos

nos nascemos nos nomeamos
nos nutrimos nos nivelamos
nos nominamos nos narramos
nos nadamos nos necessitamo
nos.

nos norteamos nos a nasalamos
nos namoramos nos nupciamos
nos a ninhamos nos des nudamos
nos nidificamos nos narcizamo
nos.

nos neutralizamos nos numeramos
nos normalizamos nos nacionalizamos
nos noticiamos nos notabilizamos
nos e nobrecemos nos nobiliarquizamo
nos.

nos negociamos nos narcotizamos
nos notificamos nos notariamos
nos e nevoamos nos negamos
nos navegamos nos naufragamo
nos.

nos nigligenciamos nos e nervamos
nos napolitamos nos a navalhamos
nos neutralizamos nos e nojamos
nos niilimos nos nauseabundamo
nos.

– Vos

vacinai-vos ventilai-vos validai-vos
vulgarizai-vos verificai-vos velai-vos
vagueai-vos vice-versai-vos vacilai-vos
volatizai-vos valei-vos en vergonhai-vos.

vadiai-vos vagabundeai-vos vegetai-vos
vocacionai-vos vaticinai-vos vigarizai-vos
versejai-vos vergastai-vos vingai-vos
vasculhai-vos vencei-vos en vaginai-vos.

vetoriai-vos vistoriai-vos vedai-vos
violentai-vos vomitai-vos vazai-vos
vulnerabilizai-vos vexai-vos viciai-vos
vilipendiai-vos vendei-vos en venenai-vos.

Se

se osculo se arranho se atendo
se forneço se faculto se clamasse
se induzo se produzo se pretendo
se clas
se.

se arranjo se fomento se nefasto
se encravo se respiro se retorce
se eu perco se eu risco se eu pasto
se entor
se.

se ensino se cimento se inculpo
se entorno se entorto se parece
se arguto se minuto se desculpo
se apres
se.

se deprimo se imprimo se volteio
se borrifo se fulmino se precoce
se admiro se adquiro se permeio
se tos
se.

se defiro se arquivo se prevejo
se defendo se defino se falasse
se eu sou se eu dou se eu vejo
se achas
se.

se desleixo se assinalo se aflijo
se empenho se embalo se comece
se mantenho se pedalo se corrijo
se ces
se.

Só

Para o António Nobre

										A
										L
		F						P		G
		O						R	D	U
	M	M						E	E	É
	I	E	É	E	E			C		M
	N			U	S			I		
	H				T			S		
A	A				A	A	A	A		
					R	Q		R		
						U				
						I				

(A)variações

A Transparência Da Água

olhar admirado
a transparência
da água.

De Noite

De noite todos os gatos são pardos.
De noite nem todos os gatos são parvos.
De noite nem todos os parvos são gatos.
De parvos e gatos está a noite cheia.

Em Ti

perpetuar em ti
o soneto
mais efêmero.

Haiku Em Austin

QUEM VOA HA-
VIA-SE
EM TERRA.

Origens

Rico é.
O povo
o pôs.

Penso-Rápido

SE
PENSO RÁPIDO
MAIS DEPRESSA
EXISTO.

Segredo

(o poema
está escrito
na espessura
desta folha...)

Soneto À Cão

Um cão levanta
a perna direita
e lança 4 esguichos
para o tronco da árvore.

A seguir levanta
a perna esquerda
e urina 4 vezes
contra o candeeiro.

Mais à frente
alça de novo a perna
e dispara 3 jatos
no pneu do automóvel.

Por fim, após cheirar
desconfiado, agacha-se
e mija as últimas 3 vezes
numa poça de água.

Variações Sobre A Pedra E A Água

(Com Leonor – a formosa – à mistura)

I

se é tão mole assim a água
se é assim tão dura a pedra
tanto me dá se é mágoa
ou raiva o que me medra.

II

quem bebe a água mole
e engole a pedra dura
não tarda que rebole
p'las ruas da amargura.

III

se áspera e dura é a pedra,
escorreita e mole é a água
p'los caminhos de Pontevedra
não chego à Nicarágua.

IV

se a água é tanta e tão mole
e a pedra pouca e tão dura
por muito que se esfole
quem bate, não a perfura.

V

sobre a água mole do monte
p'los caminhos de pedra dura
Leonor leva o pote à fonte
vai formosa e não segura.

VI

nos trilhos de pedra dura
sob a chuva de água mole
Leonor cheia de ternura
desespera por quem a viole.

VII

chorosa Leonor anda a monte
na água mole, p'la pedra dura
tantas vezes vai à fonte
dar a bilha, e ninguém a fura.

VIII

no caminho de pedra dura
junto à fonte de água mole
Leonor com jeito o segura,
chupa com força e engole.

O Excesso Inexcedível

Contradições

se retraço / se refaço / se prossigo e mais não digo /
se repasso e não trespasso / se redigo e não consigo /
se me engraço e no compasso / ameaço e lá religo /
porque o faço ? / porque traço?/
porque maço ?/ porque sigo ?

se espero e desespero / se não quero e me redimo /
se não esmero / pois não quero / se fero, firo e afirmo /
se refiro e não confiro / largo, tiro e animo /
porque opero ? / que tolero ? /
porque gero ? / o que estimo ?

se ocupo e não me culpo / se desculpo e não consinto /
se exulto e em vão oculto / se permuto e não me minto /
se não esqueço e enlouqueço / se mereço o labirinto /
porque expresso ? / porque acesso? /
se regresso e lá repinto ?

se envolvo e não resolvo / se promovo e mal não passo /
se osculo e sim discorro / se ocorre e não me escasso /
se parece e transparece / se na prece não me enlaço /
quem esquece ? / que acontece ? /
porque aquece ? / que desfaço ?

se acorro e lá percorro / se do pranto faço encanto/
se aprovo e não recorro / e o recanto é sacrossanto /
se escorro e subo o morro / adianto e entretanto /
porque incorro ? / porque morro ? /
se socorro e faço tanto ?

O Excesso Inexcedível

(:o amor que, de resto, pode ser abominável)
Décio Pignatari

se o amor pode ser abominável
a dor é uma sensação adorável.

se o excesso pode ser inexcedível
o pouco é com certeza algo incrível.

se o ostensivo pode ser exigível
o redutor é certamente repreensível.

se a tônica pode ser aconselhável
o inverso é quase sempre miserável.

se a nudez pode ser apetecível
o universo é algo de indizível.

se a palavra é por vezes imperceptível
o que não diz será sempre indiscutível.

Quem ?

Para o Wilmar Silva

quem nada
não se
afaga.

quem segue
não se
traga.

quem bate
se não
baga.

quem pode
não
(a)paga.

quem engole
não se
engasga.

quem acode
não se
agarra.

quem (dis)corre
diz
descarga

quem aperta
dis bis
naga.

quem prevê
diz:
praga.

quem Caminha
chega
a Braga

quem a vizinha
não a
zinhaga.

quem achega
não se
chaga.

quem adverte
diz:
draga.

quem fobia
não se
fraga.

quem magoa
clama
maga.

quem sacode
sempre
saga.

quem vagueia
sobre
a vaga?

S Ou Não Se É

é-se ou não se é;
ou s, mas não se vê.

vê-se mas não se lê;
ou lê-se, mas não se aprende.

aprende-se mas não se sente;
ou sente-se, mas não se põe.

opõe-se, e não se dá;
ou dá-se, mas não se acha.

acha-se mas não se liga;
ou liga-se, mas não se faz.

faz-se, mas não se quer;
ou quer-se, mas não se pensa.

pensa-se mas não se age;
ou age-se sem se pensar.

gosta-se mesmo que doa;
e dói quando não se gosta.

casa-se, e não se faz caso;
ou o ocaso quando se casa.

julga-se mas não se sabe;
ou sabe-se o que se julga.

cai-se e não se levanta;
ou levanta-se onde calha.

reflete-se, o não oculto;
ou é inculto na reflexão.

termina-se quando se atira;
ou atira-se, se se determina.

morre-se e nada fica;
ou fica-se. com a morte.

Sol A Sol

Para o Arnaldo Antunes

sol
sem posto.
de-posto-sol.

sol
sem porto.
pôr-to-sol.

sol
no rosto.
rasto-de-sol.

sol
sem rosto.
raio-de-sol.

sol
raiado.
risco-no-sol.

o sol
no seu pôr.
pôr-se-sol.

sol
pelo sul.
pouco sol.

sol
gota-a-gota.
parco sol.

o sol
pelo ser.
pôr-sol-se.

sol
sem sabor.
pôr-do-sal.

sol
sem sol.
sabor-a-fel.

sol
sem gosto.
(des)gosto-a-sol.

sol
de agosto.
gosto-do-sol.

sol
parco.
perco-o-sol.

sol
composto.
compor-sol.

sol
reposto.
comprar sol.

sol
suposto.
su-pôr-sol.

sol
entreposto.
entre-sol.

sol
exposto.
ex-sol.

sol
imposto.
pôr do sol.

sol
morto
sol posto.

Arte De Repartir

	PARTO
RE	PARTO
E	NÃO
FICO	N O
ME	LHOR
QU	ARTO.
SOU	TOLO
E	NÃO
TENHO	ASTRO.

Um Espaço De Tempo Num Tempo Sem Espaço

Para o Augusto de Campos

neste decurso de tempo que se mantém a compasso
um outro espaço invento, mas que nem sempre enlaço
que respira no pensamento e num suspiro repasso
que sacudo no instante, em momentos que ameaço.

em toda a razão que sustento perspectivo o embaraço
na separação que intento, causo o soltar do estilhaço
retomo o conceito do sopro, reponho no ar o cansaço
de fazer, do não ter, e de querer ser num só traço.

no limite, o proceder, o sedimento que amordaço
o fazer tudo valer, num sentido que trespasso
a frustração do ter que ser no desmembramento do aço
que sem senso e contra o vento se encerra no regaço.

do tanto que em vão perco, de tudo o que não faço
na recusa em ficar parado nem que seja um pedaço
na precisão do que tenho, que é sempre tão escasso
e por muito que não queira, destruo a cada passo.

desesperar o que penso que pressupõe o fracasso
no momento olhar o laço que me consome e desfaço
resultando num percalço, a derrota que estéril abraço
tornando o espaçotempo no sentimento que retraço.

Poemas Visuais

Massacre Poético

Nos Braços Da Poesia

Paixão Poética

O Poeta

O Triunfo Da Poesia

Toque Poético

O Anjo Da Graça

Grrr
sss
s
eee: uu
eeee: uu
uvvv
; www
nn., xzzz
nnn ; b d

Nos Olhos Da Poesia

No Mundo Dos Son(h)os

Homenagem Da Poética À Eletricidade

Ex-Poéticas I

Ex-Poéticas II

Equilíbrio Poético

rr
ss
s
uu
eee: uuuu
m :u v
m :www
nn. z z
nnn ;bbb

Ensaio A Duas Mãos

Para o Alberto Pimenta

Carga Poética

S
ee
e
mmr

Batismo Literário

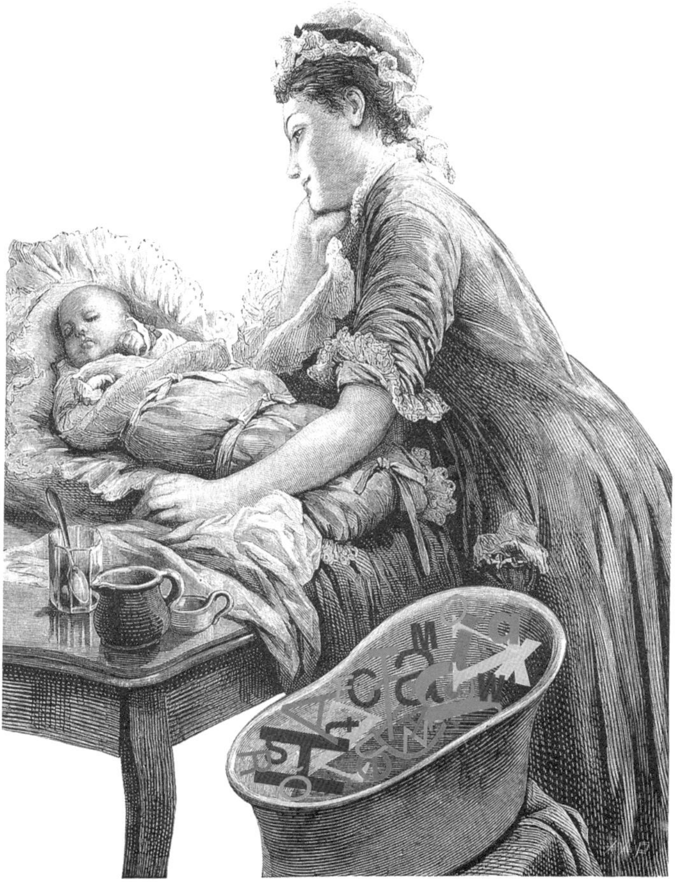

Acerca Da Poética

memoria

A Súplica

A Criação Da Poesia

(Re)descobertas

Fortuna Crítica

Conversas Por Acabar[1]

Luís Fagundes Duarte

Não se trata de um livro convencional, mas daquilo a que se poderia chamar um livro-ao-vivo. Fernando Aguiar, um dos mais jovens e prometedores elementos do movimento da poesia visual portuguesa, fornece-nos, nesta instalação montada no 1° andar da SNBA, uma proposta de reordenamento e de recontextualização da letra com uma função poética que joga com a plasticidade da paisagem (fotografias dos rochedos de Malpartida), em que se integra o corpo (do poeta) e o plástico, assim usados para "materializar o discurso".

"O poeta representa-se com a obra", diz Fernando Aguiar no texto do catálogo (muito bem concebido), acrescentando: "Poesia consequente da íntima ligação. Do poema com o poeta que cria. Do poeta com o poema que queria. E dizem-se (d)os dois. Poema e poeta na comunicativa simbiose da fala. / A interação entre o ser e o resultar." Creio que isto é verdade, tendo em conta esta instalação.

Trabalho de investigação e de experiência, a instalação começa (ou acaba) num retângulo branco, colocado a meio do chão da sala e em que está representada uma explosão (ou implosão) de letras, de onde irradia (ou para onde converge) uma rede de fitas de plástico preto, dispostas perpendicularmente umas às outras, por onde se disseminam letras brancas de vários tamanhos e sem ordenação linguística: amarinhando por 3 das paredes da sala, as fitas conduzem a (ou derivam de) 13 quadros-fotografias, que são apresentados pelo poeta como "o prolongar do fraseado imagético. A leitura que se completa. A relação que se complementa / através do / frag / mento".

1. DUARTE, L.F. Conversas por acabar. *Jornal de Letras, Artes e Ideias,* 1984; n° 125.

Comece por onde começar, um pouco à maneira de certos poemas maneiristas, o leitor-observador pode fazer leituras quer individuais quer de conjunto, entendendo cada um dos elementos em instalação tanto na sua dimensão fotográfica, como na plástica (a instalação-toda, o reticulado, as listas de letras, o retângulo central) e na tipográfica (as letras pretas em fundo branco, ou brancas em fundo preto, ainda fazem parte da "galáxia de Gutenberg"), e talvez encontre, um pouco por todo o lado, pedaços esquecidos de si: o abecedário da infância, as sopas de letras, o desenrolar das palavras, essas bichas de som e sentido...

A instalação ficará completa com a "performance" que o poeta fará no local, no dia 29 do corrente pelas 21h30min, e que contribuirá para a "transpiração do dizer", investindo "informação pela forma / do corpo", para melhor fazer realçar "o diálogo pela plástica / das palavras".

"Como uma conversa por começar" – em que todos nós podemos intervir...

A Nova Poesia De Fernando Aguiar[2]

Paulo Cheida Sans

Fernando Aguiar nasceu em Lisboa, em 1956, Licenciado em Design de Comunicação pela Escola Superior de Belas Artes de Lisboa, é um dos principais poetas visuais e performers de Portugal. Participou em mais de 150 exposições de poesia visual, em Festivais de vídeo, instalações e *performances* em Portugal, Espanha, Polônia, França, Itália, México, Grécia, Bélgica e outros países. É autor de

2. SANS, P.C. *A nova poesia de Fernando Aguiar. Olho Latino*, 1998; nº 4.

vários livros, antologias e artigos publicados em revistas especializadas em diversos países. Seu intenso trabalho, cada vez mais, obtém um amplo reconhecimento internacional.

Numa rápida alusão ao seu trabalho, pode-se notar claramente que o artista tem um temperamento experimental, dada a versatilidade e o modo como apresenta suas criações. A poesia, para ele, transcende o tradicional meio de esgotar o visual num exemplar de publicação. A sua poesia é mostrada de vários modos. Utiliza-se do som, do tridimensional e do movimento. Suas instalações são compostas usando desde letras salientes em vários tamanhos até máquinas de escrever de vários modelos.

A versatilidade do artista em lidar com materiais diversos enriquece sobremaneira os poemas e as letras de seu imaginário, propiciando ao apreciador da arte uma possibilidade fértil de leitura plástico-visual.

A conotação da letra para o artista não se restringe ao seu próprio significado, pois ele a torna em um contexto estético, inserindo plasticidade e fatores significativos próprios de uma obra visual.

O crítico José António Agúndez Garcia diz:

> "Fernando Aguiar é, sobretudo, um poeta, um artista-poeta que busca vigorosamente através de seus trabalhos transmitir ao espectador o caráter eminentemente lírico, estético e inovador do bom literato, porém com a pluma da poesia de vanguarda que já não baseia sua expressão lírica na semântica das palavras, mas sim na unidade idiomática de imagem e palavra.
> Fernando Aguiar é um talento *sui generis* que, por meio das artes visuais, consegue conceber uma nova poesia, marcando um estilo pessoal caracterizado pela interação ativa e criativa dos sentidos".

Intervenção Poética De Fernando Aguiar – Letras E Palavras Voaram Na Biblioteca[3]

Natacha Narciso

"O papel não é o único suporte para a poesia, um poema tem outras formas criativas para se expressar", palavras de Fernando Aguiar que esteve nas novas instalações da Biblioteca Municipal na passada quinta-feira, dia 5, onde apresentou uma performance poética.

Há quatro anos já tinha vindo às Caldas participar nos Encontros de Poesia Contemporânea e agora regressou para mostrar aos Caldenses novas formas de apresentar a poesia: letras a voar, copos e pratos partidos, maçãs escamadas, enfim, tudo serve em nome da experimentação da poesia visual. A *Gazeta* falou com este artista, um dos poucos autores portugueses que se dedica à poesia experimental.

Fernando Aguiar nasceu em Lisboa em 1956 e tirou o curso de Design de Comunicação na Escola Superior de Belas Artes de Lisboa. É professor de Artes Visuais e é considerado uma figura de relevo da poesia visual. Também se dedica à arte do vídeo, à performance e à nova expressão escrita, desenvolvendo intensa atividade no campo experimental.

Há quase 30 anos a trabalhar com a poesia, sempre no campo experimental, Fernando Aguiar disse: "sempre procurei fazer e interpretar poesia de uma outra forma, sem ser pelos padrões tradicionais". Isto em relação à forma de interpretação já que, relativamente

3. NARCISO. N. Intervenção poética de Fernando Aguiar – letras e palavras voaram na biblioteca. *Gazeta das Caldas*, 1998.

à escrita, segue à risca a estrutura tradicional poética. "Há que utilizar os meios da nossa era para nos expressarmos poeticamente. Atualmente no Brasil e nos Estados Unidos, há artistas que apresentam os seus poemas com o apoio do vídeo e também com raios laser".

Fernando Aguiar foi também distinguido com o prêmio "Laconicus" por mérito cultural, durante o IV Congresso Brasileiro de Poesia, em 1996, e já realizou inúmeras exposições individuais e coletivas em Portugal e no estrangeiro. Este artista também tem publicado livros, antologias e textos para várias revistas.

Fernando Aguiar começou a sua intervenção a recitar os seus poemas no auditório às escuras. Usava uns óculos com duas luzes que lhe permitiam ler os seus poemas e que ajudavam a criar um ambiente estranho que permitia a concentração total da assistência apenas na audição da poesia. Acesas as luzes, a sua performance apresentou outra particularidade: ao mesmo tempo que recitava as palavras dos seus sonetos, atirava para a audiência as letras, em cartão, pelas quais iniciavam as palavras que ia dizendo. Depois pediu à assistência para devolver as letras, consoante as palavras de outro poema. Posteriormente, montou no palco uma estrutura metálica (com 4 metros de largura) e ao mesmo tempo que lia os poemas escritos em papéis coloridos, fazia-os passar através da estrutura metálica. Este artista chamava assim a atenção da assistência para a sonoridade das palavras ditas que lembra a musicalidade das lenga-lengas tradicionais.

A finalizar a intervenção poética, Fernando Aguiar apresentou 3 Sonetos-Ação: "A poesia não se escreve só com palavras, também se pode transmitir através de ações", disse o artista à assistência. E assim, dizia uma frase e executava a ação que acabava de enunciar:

"Parto um copo" e partia-o mesmo, com a ajuda de um martelo. Depois pintou uma lua, a vermelho, e também escamou maçãs. Formas experimentais e sem dúvida originais de nos confrontar com a poesia, através de imagens, sons e ações.

Depois da sua atuação, Fernando Aguiar conversou com a assistência sobre o seu percurso artístico e também sobre questões ligadas à poesia experimental. Este artista ficou satisfeito com a assistência de mais de 60 pessoas que vieram assistir à sua intervenção: "foi uma agradável surpresa ver cá tanta gente".

Outro aspecto interessante sobre as performances poéticas é que estas nunca são iguais, este artista atua sempre de forma irrepetível. Confrontado pela assistência, de não poder ficar com esses momentos gravados para a posteridade, Fernando Aguiar respondeu: "o fato das minhas atuações serem efêmeras acaba por ser positivo, já que tenho que reinventar o meu trabalho. Quem presenciou pode recordá-la e a poesia que foi dita sempre pode sair em livro".

Entre a assistência estava também Egídio Álvaro um dos primeiros portugueses a escrever para a área da experimentação e performance visual. "O Fernando Aguiar apresentou uma atuação com elementos simples para deixar uma impressão muito forte". Este crítico de arte, que atualmente organiza exposições tanto em França como em Portugal, já organizou vários festivais nesta área. Egídio Álvaro ainda acrescentou que " em Portugal há cada vez menos eventos relacionados com a poesia experimental. Existem muitos festivais no estrangeiro, em especial na Itália e na França".

No próximo ano comemoram-se os 40 anos de poesia experimental em Portugal. Foi, portanto, em 1959 que esta forma de expressão teve lugar no nosso país.

Além de um Festival anual, organizado por Fernando Aguiar, integrado na Semana da Juventude, em Lisboa, as realizações nesta área acabam sempre por se tratar de acontecimentos pontuais, como aconteceu na quinta-feira, na biblioteca caldense. "Infelizmente, esta forma de expressão artística não é considerada, logo realizam-se muitos eventos no estrangeiro", comentou este autor à Gazeta. Das 70 performances que constam do seu currículo, 50 realizaram-se no estrangeiro.

A poesia experimental em Portugal tem tido um decréscimo de atividade, nestes últimos anos. Apesar disto, Fernando Aguiar, além da participação numa antologia de poesia visual, tem já marcadas várias idas ao estrangeiro, durante este ano. Espanha, França, Alemanha, Estados Unidos, Brasil e México são alguns dos destinos previstos onde o autor vai participar de eventos relacionados com a poesia experimental.

O Lirismo E O Letrismo Ritual De Fernando Aguiar[4]

J. Medeiros

A arte procura sempre a terceira margem do rio
Guimarães Rosa

Cirlot em seu *Dicionário de los ismos* define o letrismo (uma corrente poética que tem as suas fontes bebidas no Futurismo e no Dadaísmo) como "uma fórmula situada entre a banalidade e a graça de criar certo efeito poético pela simples agregação de letras, sem formação de palavras significativas e, portanto, sem emprego de

4. MEDEIROS, J. O lirismo e o letrismo ritual de Fernando Aguiar. *O Galo*, 1998; nº 2.

imagens ou ideias de qualquer espécie, pondo em jogo a pura sonoridade inarticulada e o ritmo que decorre de tais arranjos" (ver Sittanjáfora). Dentro da poesia visual pós-futurista assistimos a uma série de tendências da poesia literária que ainda é praticada, o verso como unidade expressional em suas diversificadas instâncias como o soneto, entre outras. No cerne da poesia visual encontramos instâncias trans/literárias como o *soneto visual* letrista, onde o artista em sua *performance viva* expressa-se corporalmente.

Poetas como Ana Hatherly e o português Fernando Aguiar, têm dimensionado este lance de dados. Este último, promove os seus rituais performáticos utilizando-se em seu conjunto dos rudimentos da poesia sonora (como uma das modalidades da poesia experimental portuguesa e da poesia visiva italiana do segundo meado dos sessentas.)

A sua prática se dá com a intervenção direta sobre determinados signos, gravuras (ícones barrocos) e/ou retratos históricos, como os célebres dos portugueses Eça de Queiroz, Oliveira Martins, Antero de Quental, Ramalho Ortigão e Guerra Junqueiro.

Em suas "Recent Actions", F. Aguiar registra as suas mais recentes apresentações públicas, que vão desde a Slovakia a Bento Gonçalves (RS) e a Hiroshima, no Japão. São espetáculos dotados de processos rituais verbivocovisuais, onde o poeta *multimídia* utiliza-se de vários mecanismos expressivos da gestualidade, re-produtores de signos outros, a exemplo dos *3 sonetos – ação* apresentados na Nave de Serviços Artísticos, em Santiago de Compostela, na Espanha, em 1995, onde o autor recria ambientalmente e/ou dá outra dimensão corpórea ao soneto estático, transformando-o em ópera e(x)tatica, aliando ao seu contexto o movimento objectual (a poesia sonoro (visual) em si incurcionada) a exemplo de uma performance realizada por J. Medeiros e Melo e Castro durante a mostra Poex (Poesia Experimental Portuguesa), promovida pelo setor Multimídia do NAC, da UFRN, em Natal, na segunda metade dos oitentas (ver "Semeadura de letras").

A esta situação alia-se contextualmente o movimento objectual para a *geração alternativa* de um signo outro; um posignovo/vivo, de *nuestra memória*.

Acerca do "Soneto verbi-voco-visual" apresentado em Spoleto, na Itália, também em 1995, Fernando Aguiar descontextualiza o signo linguístico, inserindo-o no espaço tridimensional, pondo em prática propriamente o que Cirlot afirmou anteriormente como "fórmula situada entre a banalidade e a graça de criar efeito poético pela simples agregação de letras, sem formação de palavras significativas e, portanto, sem emprego de imagens ou ideias de qualquer espécie, pondo em jogo a própria sonoridade quase inarticulada e o ritmo que decorre de tais arranjos".

Aqui, a composição trans/verbal e trans/sonora põe em xeque uma certa ambivalência; do realismo à gratuidade pré-conceitual, da crítica gratuita da gestualidade do novo signo em processo, que a retina estática do leitor estático, o que não vê o previsível, pela sua ignorância repertorial limita-se a determinado jogo linguístico cansado, de certo soneto clássico (de pé quebrado). O soneto aqui é concebido tridimensionalmente (holograficamente), dinâmico e polivisual, indo além do alcance linguístico, explorando códigos múltiplos, não visíveis a olho nu, ou seja, novos signos não perceptíveis pelo leitor limitado, a geração de um novo SIGNIFICANTE.

Fernando Aguiar Ou Os Signos Essenciais[5]

J. Seafree

Intervenções poéticas com elementos simples; letras sobrevoando o cenário ou impregnadas sobre diversos materiais. Signos em múltiplas cores pendidos por fios invisíveis ou por pequenas cordas que fizeram a função de pontes entre mundos distintos, entre margens plásticas complementares.

Painéis em que grandes letras ou numerosos grupos destas assumem posições para configurar horizontes, paisagens abstratas, formigueiros de linguagens de júbilo e reflexão. Arquiteturas em colunas de letras.

Espaços e linhas invadidos pela vontade criativa. Letras como o Ar que respiramos, letras que dão sentido a tudo quanto nos rodeia. A comunicação convertida em atmosfera que nos concede a vida, a possibilidade de atuar. O mecanismo da ação como motor, como fonte. Trilhas de signos nos mostrando a evidência.

As composições visuais de Fernando Aguiar mantêm vivo o fogo que esquenta a ilusão de se ver, renovadas, a realidade, as estruturas, a ordem. E este estado de alerta, consubstancial a todo artista, desemboca inexoravelmente por trás da luz e das cores que emergem à superfície sobre a qual o criador verte todas as suas esperanças e sua sabedoria.

Sílabas e imagens, então, afortunadamente nos assaltam. A certeza que se transforma em dinamismo exacerbado, a contemplação em cumplicidade reconhecida.

---

5. SEAFREE. J. Fernando Aguiar ou Os signos. *Texturas – Nuevas Dimensiones del Texto y de la Imagen*, Trad. de Floriano Martins, 2001; nº 11.

As obras visuais e as ações ou performances de Fernando Aguiar compartilham determinados sinais e identidade: o achado e o poder de persuasão dos elementos empíricos, ou seja, a participação do mundo sensorial, como meio para transmitir ao espectador suas mensagens, e como fim até o devir do ato ou do fato. Nossos sentidos aguardam tais descobertas e sua percepção, sua leitura ou sua interpretação até que nos sintamos escolhidos.

Além do mais, quando Fernando Aguiar abre suas mãos, move seus braços, enfatiza com sua voz vocábulos e frases, dispõe, enfim, heterogêneos seres, figuras e traços, a mente do espectador fica agitada com benevolência, do mesmo modo como se uma bela sinfonia envolvesse nossos ouvidos, posto que o poeta/*performer* especula o menos possível com a arbitrariedade de qualquer código linguístico. E a memória de suas criações voa como uma ode sobre a areia da página, semeando o silêncio de correntes.

Dados Sobre O Autor

(Lisboa, 1956)

Desde 1972 que se dedica à poética nas suas mais diversas vertentes e suportes: poesia experimental, poesia visual, poesia verbal, livro de artista, poema-objeto, fotopoema, poema-postal, pintura, escultura, poema-projeto, instalação poética, videopoema, scanner-poem, poesia digital, performance, poesia ambiental...

Foi incluído em 60 antologias de literatura contemporânea em Portugal, França, Itália, México, Canadá, Inglaterra, Iugoslávia, USA, Alemanha, Suíça, Brasil, Espanha, Rússia, Hungria, Cuba e Japão.

Realizou 39 exposições individuais de poesia visual, fotopoesia, livro de artista, vídeo e instalação em Portugal, Hungria, México, Polônia, Itália, Espanha, Emiratos Árabes Unidos, Cuba, e participou em inúmeras exposições coletivas em três dezenas de países.

Desde 1983 apresentou mais de 180 intervenções e performances poéticas em Festivais, Museus e Galerias em Portugal, Espanha, França, Hungria, Itália, Canadá, Polônia, México, República Checa, Brasil, Japão, República Eslovaca, USA, Alemanha, Holanda, Colômbia, Macau, Islândia, Hong Kong, Cuba, Turquia e na China, nomeadamente no Centre Georges Pompidou (Paris), Centro de Arte Moderna da Fundação Calouste Gulbenkian (Lisboa), Tokyo Metropolitan Art Space (Tóquio), Villa delle Rose/Galleria D'Arte Moderna (Bolonha), Mexic-Arte Museum (Austin, Texas), Musée D'Art Contemporain (Marselha), Círculo de Bellas Artes (Madrid), Museu Nacional do Traje (Lisboa), IVAM – Institut Valencià d'Art Modern (Valencia), Beijing Tokyo Art Projects (Pequim), Hong Kong Arts Centre (Hong Kong), Reykjavík Art Museum

(Reykjavík), Centre Culturel Calouste Gulbenkian (Paris), National Gallery (Praga) e também na seção "Extra 50" da 50ª Bienal de Veneza e na 8º Bienal de Havana.

É autor do *Soneto Ecológico*, uma obra de poesia ambiental realizada em 2005, constituída por 70 árvores plantadas em 14 filas de 5 árvores (4+4+3+3), com uma área aproximada de 110x36 metros, em Matosinhos, Portugal.

Organizou coletâneas de Poesia Visual Portuguesa para revistas e jornais culturais em Portugal, México, França, USA, Brasil e Espanha.

Organizou diversas exposições de Poesia Visual Portuguesa e Internacional em Galerias e Museus em várias cidades portuguesas e co-organizou a exposição "Concreta. Experimental. Visual – Poesia Portuguesa 1959-1989" na Universidade de Bolonha, nas Universidades de Lyon e de Poitiers, e no Centro Cultural Português da Fundação Calouste Gulbenkian em Paris.

Organizou a representação portuguesa na I e III Bienal Internacional de Poesia Visual y Experimental na Cidade do México e o 1º Festival Internacional de Poesia Viva no Museu Municipal Dr. Santos Rocha, na Figueira da Foz.

Organizou o I e o II Encontro Nacional de Intervenção e Performance em Torres Vedras e na Amadora. Entre 1992 e 1998 organizou "Ações urbanas" e, depois, "Ações & performances", integradas na Semana da Juventude, em Lisboa.

Entre 1996 e 1998 organizou a seção europeia da I, II e III Mostra Euro-americana de Poesia Visual realizadas em Bento Gonçalves, no âmbito do Congresso Brasileiro de Poesia.

Em 2008 organizou o Ciclo Internacional de Performance do 2º Encontro de Arte Global, no Panteão Nacional, em Lisboa.

Bibliografia

Poesia

Poemas + ou – histó(é)ricos, Ed. de Autor, Lisboa, 1974.
Dedo, Ed. de Autor, Lisboa, 1981.
Rede de canalização, Ed. de Autor, Câmara Municipal de Almada, 1987.
Minimal poems, experimentelle texte, Siegen, 1994.
Indicis, RsalvoEdicions, Barcelona, 1995.
Push now, Offerta Speciale, Torino, 1998.
Os olhos que o nosso olhar não vê, Associação Poesia Viva, Lisboa, 1999.
Langue de feu, Steak Haché (com Frank Laliberté), Montreal, 2005.
Calligraphies, Redfoxpress, Conty Maio, 2007.

Infantis

Rosarinho, Parceria A. M. Pereira, Lisboa, 1979.
Rosarinho e Alzira, Parceria A. M. Pereira, Lisboa, 1979.
Uéré de Guaraqueçaba, Oasi Editrice, Troina,1998.

Performance

Recent actions, Associação Poesia Viva, Lisboa, 1997.
A essência dos sentidos, Associação Poesia Viva, Lisboa, 2001.

Antologias

Poemografias – Perspectivas da Poesia Visual Portuguesa, Ulmeiro (com Silvestre Pestana), Lisboa, 1985.
1º Festival Internacional de Poesia Viva, Associação Poesia Viva, Lisboa, 1987.
Concreta. Experimental. Visual – Poesia Portuguesa 1959-1989, Instituto de Cultura e Língua Portuguesa (com Gabriel Rui Silva), Lisboa, 1989.
Visuelle poesie aus Portugal, Experimentelle texte, Siegen, 1990.
Poesia experimental dels 90 (Antologia), RsalvoEdicions, Barcelona, 1994.
Imaginários de ruptura / Poéticas experimentais, Instituto Piaget (com Jorge Maximino), Lisboa, 2002.

Legendas das imagens

P.9 – "Action Sonnet", Galeria Metrónom, Barcelona, Espanha, 1999.

P.23 – "Romance", 1992.

P.35 – Leitura do "Poema Estrutural", Auditório da Biblioteca Municipal, Caldas da Rainha, Portugal, 1998.

P.45 – "K", Museo Vostell Malpartida, Malpartida de Cáceres, Espanha, 1996.

P.55 – "Poema na Pedra", 2004-07.

P.73 – "Ensaio para uma Nova Expressão da Escrita Nº 499", 1984.

P.89 – "Contratexto ou Anti-Romance com Personagens", 2004-08, ITCA - International Triennale of Contemporary Art, Praga, República Checa.

P.101 – "Escrita D'Arte (Romance)", Museo Vostell Malpartida, Malpartida de Cáceres, Espanha, 1996.

P.157 – "K", Galeria Pedro Serrenho – Arte Contemporânea, Lisboa, Portugal, 2008.

Impresso em São Paulo, SP, em novembro de 2009, em papel off-set 90 g/m²
nas oficinas da Graphium.
Composto em Frutiger, corpo 11 pt.
e Cantoria, corpo 18 pt.

Não encontrado este título nas livrarias,
solicite-o diretamente à editora.

Escrituras Editora e Distribuidora de Livros Ltda.
Rua Maestro Callia, 123
Vila Mariana – São Paulo, SP – 04012-100
Tel.: (11) 5904-4499 – Fax.: (11) 5904-4495
escrituras@escrituras.com.br
vendas@escrituras.com.br
imprensa@escrituras.com.br
www.escrituras.com.br